Cultiva la alegría y el bienestar en tu vida

Cómo mantenerse siempre Feliz

Carlos Camargo

Copyright © 2024
Carlos Camargo
All Rights Reserved

No se autoriza la reproducción de este libro ni partes del mismo en forma alguna, ni tampoco sea archivado en un sistema o transmitido de alguna manera ni por ningún medio electrónico, mecánico, fotocopia, grabación u otro sin permiso previo escrito del autor de este.

Producción General:
Global USA7 LLC
Carlos Camargo

Diseño, portada y diagramación:
César Sardá

"Cultiva la gratitud: enfócate en lo que tienes en lugar de lo que te falta, y verás cómo la felicidad florece."

"Acepta lo que no puedes cambiar y enfócate en lo que sí puedes controlar. La paz interior es clave para la felicidad."

La clave fundamental para cultivar la alegría y la felicidad constante radica en mantener una actitud positiva. Esta actitud sirve como el combustible que impulsa el motor de la felicidad, permitiéndonos alcanzar diariamente. Aprender a mantener esa llama encendida en todo momento es esencial para vivir una vida plena y satisfactoria.

Carlos Camargo

"Haz del amor y la bondad tus compañeros de viaje. El dar y recibir afecto alimenta el alma y nutre la felicidad."

Descripción general

En este tercer libro o manual aprenderás estrategias y técnicas para mantener una actitud positiva y alcanzar la felicidad en todos los aspectos de tu vida. Descubrirás cómo manejar el estrés, superar la negatividad y cultivar emociones positivas. Además, aprenderás hábitos y prácticas diarias que te ayudarán a mantener alta tu vibración y atraer la felicidad continua.

"Encuentra tu pasión y haz lo que amas. La realización personal es un ingrediente esencial para una vida feliz."

El poder de la actitud positiva

"Ríete a menudo y sin reservas. El humor es una poderosa herramienta para aliviar el estrés y encontrar alegría en cada día."

Introducción

En este tema, vamos a explorar el poder de la actitud positiva y su impacto en nuestra felicidad. La actitud positiva se refiere a nuestra forma de pensar, sentir y actuar de una manera optimista, centrada en soluciones y enfocada en el bienestar personal y de los demás. A lo largo de este tema, descubriremos cómo la actitud positiva puede influir de manera significativa en nuestra vida y cómo podemos cultivarla para mantenernos siempre felices.

La importancia de la actitud positiva

La actitud positiva tiene un gran impacto en nuestra vida diaria. Afecta nuestra percepción del mundo, nuestras relaciones con los demás y nuestra capacidad para enfrentar los desafíos. Al mantener una actitud positiva, creamos un entorno mental saludable que nos permite mantener un estado de bienestar constante.

Una actitud positiva nos ayuda a tomar el control de nuestras emociones y pensamientos, lo cual es fundamental para enfrentar situaciones difíciles.

Además, mejora nuestra resiliencia, permitiéndonos recuperarnos rápidamente de los contratiempos y seguir adelante con determinación.

Beneficios de la actitud positiva

La actitud positiva trae consigo una serie de beneficios para nuestra vida. Algunos de ellos incluyen:

Mejora de la salud mental y emocional:

Una actitud positiva reduce el estrés, la ansiedad y los sentimientos de depresión. Nos ayuda a centrarnos en las soluciones en lugar de en los problemas, lo que contribuye a una mayor estabilidad emocional.

Aumento de la felicidad:

Adoptar una actitud positiva nos permite disfrutar más de la vida. Nos ayuda a apreciar las pequeñas cosas y a encontrar la alegría en los momentos cotidianos.

Mejoramiento de las relaciones interpersonales:

Una actitud positiva nos permite establecer conexiones más fuertes y saludables con los demás. Fomenta la empatía, la compasión y la comunicación efectiva.

Incremento de la capacidad para superar obstáculos:

La actitud positiva nos brinda la fortaleza y la confianza necesarias para superar los obstáculos que encontramos en nuestro camino. Nos ayuda a enfrentar desafíos con una mentalidad enfocada en la resolución y el crecimiento.

Cómo cultivar una actitud positiva

Afortunadamente, la actitud positiva puede ser cultivada y fortalecida a lo largo del tiempo. Algunas estrategias efectivas para desarrollar una actitud positiva incluyen:

Practicar la gratitud:

Agradecer las cosas buenas que tenemos en nuestra vida nos ayuda a enfocarnos en lo positivo. Puede ser útil llevar un diario de gratitud y pasar unos minutos cada día reflexionando sobre las cosas por las que nos sentimos agradecidos.

Cambiar los pensamientos negativos por positivos:

La forma en que pensamos influye en nuestras emociones y acciones. Es importante identificar y cuestionar los pensamientos negativos, reemplazándolos por pensamientos más positivos y realistas.

Mantener una mentalidad abierta y flexible:

Ser flexible ante los cambios y estar dispuesto a ver las situaciones desde diferentes perspectivas nos ayuda a encontrar soluciones creativas y adaptarnos fácilmente a los desafíos.

Practicar la autorreflexión:

Tomar tiempo para conocerse a uno mismo, entender nuestras emociones y aprender de nuestras experiencias, nos permite crecer y desarrollar una mentalidad más positiva.

Conclusión

En conclusión, la actitud positiva tiene el poder de mejorar nuestra calidad de vida y nuestra felicidad. Al adoptar una actitud positiva, podemos enfrentar los desafíos con mayor fortaleza, disfrutar más de las experiencias diarias y tener relaciones más saludables. Cultivar y mantener una actitud positiva requiere un esfuerzo continuo, pero los beneficios que brinda hacen que valga la pena.

El poder de la actitud positiva: Una actitud positiva es fundamental para mantenerse siempre feliz. Aprendimos que el pensamiento positivo tiene el poder de cambiar nuestra realidad y mejorar nuestro bienestar emocional.

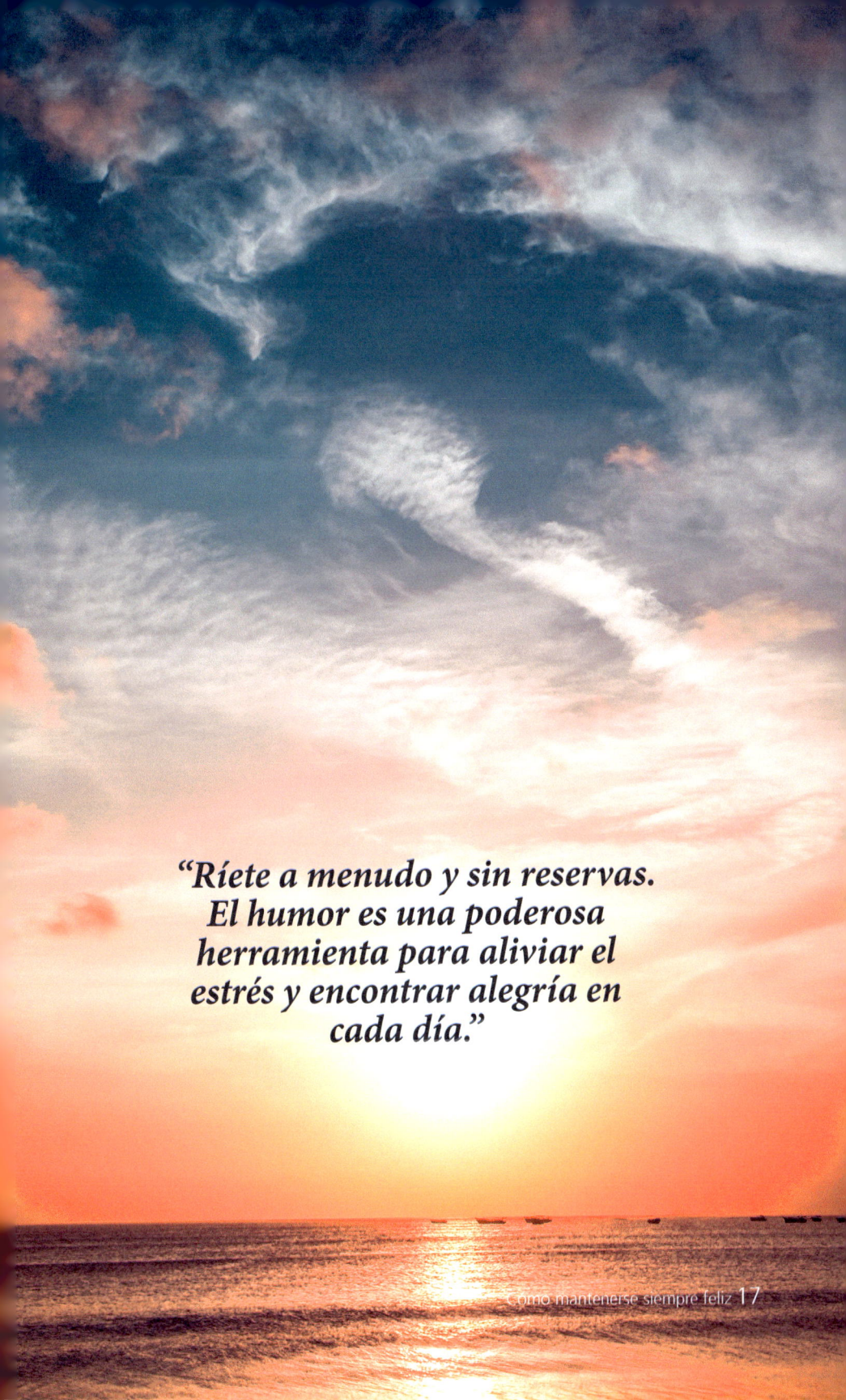

"Ríete a menudo y sin reservas. El humor es una poderosa herramienta para aliviar el estrés y encontrar alegría en cada día."

"Practica el perdón. Deja ir el resentimiento y la amargura para abrir espacio a la paz interior y la felicidad duradera."

Gestión del estrés y las emociones

"Practica el perdón. Deja ir el resentimiento y la amargura para abrir espacio a la paz interior y la felicidad duradera."

El estrés y las emociones negativas son fenómenos comunes en la vida cotidiana. A lo largo del libro "CÓMO MANTENERSE SIEMPRE FELIZ", exploraremos la gestión del estrés y las emociones para ayudarte a cultivar un estado de felicidad duradera. En esta sección, nos centraremos específicamente en la gestión del estrés y las emociones, y cómo puedes manejarlos de manera efectiva en tu vida diaria.

Identificación y comprensión del estrés

El primer paso para gestionar el estrés es identificarlo y comprenderlo. El estrés se manifiesta de diferentes formas, incluyendo síntomas físicos, emocionales y cognitivos. Es importante aprender a reconocer tus propias señales de estrés, como la tensión muscular, la fatiga, la irritabilidad o las preocupaciones constantes.

Una vez que identifiques los signos de estrés, es fundamental comprender las causas subyacentes. Las fuentes de estrés pueden ser internas, como los pensamientos negativos o la autocrítica excesiva, o externas, como las demandas laborales o los problemas familiares. Comprender las causas te ayudará a encontrar estrategias adecuadas para gestionar el estrés.

Técnicas de gestión del estrés

Existen varias técnicas de gestión del estrés que puedes utilizar para reducir los efectos negativos del estrés en tu vida. Algunas de estas técnicas incluyen:

Relajación:

Practicar técnicas de relajación, como la respiración profunda, el yoga o la meditación, puede ayudar a reducir la tensión muscular y promover la relajación mental.

Ejercicio físico:

La actividad física regular libera endorfinas, conocidas como las hormonas de la felicidad, que pueden reducir la ansiedad y mejorar el estado de ánimo.

Gestión del tiempo:

Organizar eficientemente tus tareas y prioridades puede ayudarte a reducir la sensación de estar abrumado y mejorar tu capacidad para lidiar con el estrés.

Apoyo social:

Compartir tus preocupaciones y buscar apoyo en familiares, amigos o grupos de apoyo puede aliviar la carga emocional y brindar una perspectiva objetiva.

Cambio de actitud:

Adoptar una actitud más positiva y realista ante las situaciones estresantes puede ayudarte a afrontarlas de manera más efectiva y reducir su impacto emocional.

Gestión de las emociones:

Además de la gestión del estrés, es fundamental aprender a manejar nuestras emociones negativas para mantener un estado de felicidad constante. Aquí hay algunas estrategias para manejar las emociones negativas:

Autoconciencia emocional:

Aprender a identificar y comprender tus emociones en el momento presente te ayudará a manejarlas de manera más efectiva. Presta atención a tus sentimientos y reconoce su origen.

Regulación emocional:

Una vez que identifiques tus emociones negativas, busca formas saludables de regularlas. Esto puede incluir técnicas de relajación, expresión emocional a través de la escritura o buscar actividades que te brinden alegría y satisfacción.

Empatía y empatía propia:

Practicar la empatía te ayudará a comprender mejor las emociones de los demás y te permitirá ser más compasivo contigo mismo. Cultiva la autocompasión y el perdón hacia ti mismo cuando te enfrentes a emociones negativas.

Cambio de perspectiva:

A veces, cambiar tu perspectiva sobre una situación puede cambiar tus emociones. Trata de buscar el lado positivo o aprender de las experiencias negativas para encontrar un mayor crecimiento personal.

Recuerda, la gestión del estrés y las emociones es un proceso continuo que requiere práctica y paciencia. Estas técnicas te ayudarán a cultivar un bienestar emocional duradero y a mantener una actitud positiva ante los desafíos de la vida.

¡Sigue aprendiendo y practicando para mantener una felicidad constante!

Gestión del estrés y las emociones: En este tema, comprendimos la importancia de manejar el estrés y las emociones de manera adecuada para mantenernos felices. Aprendimos técnicas efectivas para relajarnos, controlar nuestro estado emocional y encontrar el equilibrio en nuestra vida.

"Cuida de tu cuerpo. El ejercicio regular, una alimentación saludable y descansar lo suficiente son pilares fundamentales para una vida feliz."

"Cultiva el equilibrio en tu vida: nutre tu cuerpo, alimenta tu mente y alimenta tu espíritu para encontrar la armonía interior."

Las claves para una vida equilibrada y feliz

"La felicidad no es tenerlo todo, sino encontrar el equilibrio entre lo que tienes y lo que persigues."

Mantener una vida equilibrada y feliz es un objetivo al que todos aspiramos. Sin embargo, en ocasiones puede resultar difícil saber cómo lograrlo. En este tema exploraremos las claves fundamentales para alcanzar ese equilibrio y felicidad que buscamos.

Autocuidado

El autocuidado es una de las claves esenciales para mantener una vida equilibrada y feliz. Esto implica cuidar de nosotros mismos en todos los aspectos: físico, emocional y mental.

Cuidado físico:

Es importante llevar una alimentación saludable, practicar ejercicio regularmente y descansar lo suficiente. Además, debemos cuidar nuestra apariencia y practicar hábitos de higiene personal adecuados.

Cuidado emocional:

Aprender a manejar nuestras emociones y expresar nuestros sentimientos de forma adecuada es fundamental. Buscar actividades que nos brinden alegría y placer, como hobbies o pasatiempos, también contribuye a mantener un equilibrio emocional positivo.

Cuidado mental:

Es importante cultivar la mente y mantenerla activa. Esto podemos lograrlo a través de la lectura, el aprendizaje continuo y la práctica de actividades que estimulen nuestro cerebro, como los juegos de estrategia.

Relaciones saludables

Las relaciones que tenemos con los demás también desempeñan un papel fundamental en nuestra vida equilibrada y feliz.

Relaciones familiares:

Mantener una relación armoniosa con nuestros familiares contribuye en gran medida a nuestro bienestar. Es importante comunicarnos abierta y sinceramente, aprender a resolver conflictos de manera constructiva y mostrar apoyo mutuo.

Relaciones de amistad:

Contar con amigos verdaderos y mantener relaciones de amistad sólidas nos proporciona un sentido de pertenencia y apoyo emocional. Es importante dedicar tiempo y esfuerzo en cultivar estas relaciones, compartiendo actividades y experiencias.

Relaciones amorosas:

Cuando estamos involucrados en una relación amorosa saludable, experimentamos felicidad y crecimiento personal. Comunicación efectiva, respeto mutuo y apoyo emocional son fundamentales para que una relación de pareja sea equilibrada y satisfactoria.

Desarrollo personal

El desarrollo personal es otro aspecto clave para mantener una vida equilibrada y feliz. Esto implica el crecimiento y la evolución constante como individuos.

Establecer metas y objetivos:

Tener metas claras y definir objetivos nos brinda un sentido de propósito y dirección en la vida. Establecer metas alcanzables, tanto a corto como a largo plazo, nos motiva y nos impulsa a crecer y mejorar.

Aprender de los errores:

Los errores son oportunidades de aprendizaje. Aprender de ellos nos permite crecer, superar obstáculos y mejorar nuestras habilidades y conocimientos.

Desarrollar nuevas habilidades:

El aprendizaje continuo y el desarrollo de nuevas habilidades nos proporcionan satisfacción personal y nos abren puertas hacia nuevas oportunidades.

Conclusiones

Mantener una vida equilibrada y feliz requiere dedicar tiempo y esfuerzo a cuidarnos a nosotros mismos, cultivar relaciones saludables y promover nuestro desarrollo personal. Al implementar estas claves en nuestra vida diaria, estaremos más cerca de alcanzar la felicidad y el equilibrio que deseamos.

Las claves para una vida equilibrada y feliz: Descubrimos las claves para lograr una vida equilibrada y feliz. Aprendimos a establecer metas claras, mantener una rutina saludable, cultivar relaciones positivas y practicar el autocuidado. Estas claves nos guiarán en nuestro camino hacia la felicidad duradera.

"Aprende a decir 'sí' a lo que te nutre y 'no' a lo que te agota. Encuentra tu equilibrio y descubre la verdadera felicidad."

"La clave de una vida feliz y equilibrada radica en vivir con gratitud en el presente, tener esperanza en el futuro y aprender del pasado."

Ejercicios Prácticos

Pongamos en práctica tus conocimientos

"Cultiva tu pasión y encuentra propósito en lo que haces. Cuando sigues tus sueños y trabajas en lo que amas, la felicidad se convierte en un compañero de viaje constante."

En esta lección, pondremos la teoría en práctica a través de actividades simples.

Haga énfasis en los elementos de cada ejercicio y así desarrollar habilidades prácticas que lo ayudarán a tener éxito en el tema.

Práctica de gratitud

Escribe una lista de 10 cosas por las que te sientes agradecido/a en tu vida. Reflexiona sobre cada una de ellas y expresa tu gratitud internamente.

Práctica de respiración consciente

Encuentra un lugar tranquilo y siéntate en una posición cómoda. Cierra los ojos y concéntrate en tu respiración. Inhala profundamente contando hasta cuatro, retén la respiración contando hasta cuatro y luego exhala contando hasta cuatro. Repite este proceso durante al menos cinco minutos.

Sesión de autocuidado

Dedica al menos una hora al día para cuidar de ti mismo/a. Puede ser haciendo ejercicio, leyendo un libro, meditando o cualquier otra actividad que te brinde alegría y bienestar. Haz de esto una prioridad en tu rutina diaria.

"Aprende a perdonar, tanto a los demás como a ti mismo. Deja ir el resentimiento y libera tu corazón para dar paso a la paz interior."

Resumen

Repasemos lo que acabamos de ver hasta ahora

"Practica el autocuidado diario: dedica tiempo para ti mismo, haz ejercicio, medita y nutre tu mente y tu cuerpo. Al priorizar tu bienestar, te vuelves más resistente al estrés y más capaz de manejar las emociones difíciles."

El poder de la actitud positiva:

Una actitud positiva es fundamental para mantenerse siempre feliz. Aprendimos que el pensamiento positivo tiene el poder de cambiar nuestra realidad y mejorar nuestro bienestar emocional.

Gestión del estrés y las emociones:

En este tema, comprendimos la importancia de manejar el estrés y las emociones de manera adecuada para mantenernos felices. Aprendimos técnicas efectivas para relajarnos, controlar nuestro estado emocional y encontrar el equilibrio en nuestra vida.

Las claves para una vida equilibrada y feliz:

Descubrimos las claves para lograr una vida equilibrada y feliz. Aprendimos a establecer metas claras, mantener una rutina saludable, cultivar relaciones positivas y practicar el autocuidado. Estas claves nos guiarán en nuestro camino hacia la felicidad duradera.

"La paz interior comienza cuando dejas de permitir que las circunstancias externas controlen tu estado interno."

Prueba

Comprueba tus conocimientos respondiendo unas preguntas

"El poder de cambiar tus emociones está en tus manos. Elige la paz sobre la preocupación, la serenidad sobre la ansiedad."

Pregunta 1

¿Qué es lo que determina en gran medida nuestra actitud frente a la vida?

- [ ] El clima
- [ ] La genética
- [ ] Nosotros mismos

Pregunta 2

¿Cuál de las siguientes técnicas ayuda a reducir el estrés?

- [ ] El ejercicio físico
- [ ] Comer alimentos grasos
- [ ] Ver televisión todo el día

Pregunta 3

¿Qué nos ayuda a mantener una vida equilibrada y feliz?

- [ ] El trabajo excesivo
- [ ] El tiempo de calidad con nuestros seres queridos
- [ ] No hacer ejercicio

Pregunta 4

¿Cuál es uno de los beneficios de tener una actitud positiva?

- ☐ Tener más problemas
- ☐ Mejorar la salud mental
- ☐ Sentirse más triste

Pregunta 5

¿Cuál de las siguientes afirmaciones es correcta?

- ☐ El estrés no afecta nuestra salud
- ☐ El estrés solo afecta nuestra salud física
- ☐ El estrés puede afectar nuestra salud física y mental

Pregunta 6

¿Cuál es una forma efectiva de gestionar emociones negativas?

- ☐ Ignorarlas y no enfrentarlas
- ☐ Expresarlas de manera saludable
- ☐ Guardarlas para uno mismo

"Respira profundamente y suelta todo lo que te está pesando. En cada exhhalación, liberas el estrés y das espacio a la calma."

"No puedes controlar lo que sucede a tu alrededor, pero sí puedes controlar cómo reaccionas. Elige responder desde la calma y la claridad en lugar de dejarte llevar por la negatividad."

Felicidades!

¡Felicitaciones por completar esta lectura de autoayuda.!

Has dado un paso importante para desbloquear todo tu potencial. Completar este libro no se trata solo de adquirir conocimientos; se trata de poner ese conocimiento en práctica y tener un impacto positivo en el mundo que te rodea.

"*Vive con autenticidad y gratitud: sé fiel a ti mismo y reconoce las bendiciones que te rodean. Cuando vives desde un lugar de agradecimiento, la felicidad se convierte en tu compañera constante.*"

"Haz del amor y la bondad tus guías: extiende una mano amiga, comparte una sonrisa y verás cómo la felicidad se multiplica a tu alrededor."

Made in the USA
Columbia, SC
25 April 2024